隅田川のほとりで本を作って 10 年経ちました

中村堂創業満 10 年記念誌編集委員会　編

中村堂

「中村堂創業満 10 年記念誌」刊行に当たって

中村堂　中村宏隆、中村あき

　私たちは、中央区月島に住み、隅田川にかかる佃大橋を徒歩で渡って対岸にある湊の地に構えた事務所に通っています。朝、橋を渡って湊に入ると仕事モードに、夕、橋を渡って月島に戻るとオフモードに切り替わります。

　2023 年 7 月 22 日、中村堂は創業満 10 年の佳節を迎えることができました。

　10 年間、変わらぬ出版不況でした。2020 年から 2023 年まではコロナ禍で翻弄されました。航海に喩えれば、いつも嵐の中の真っ只中にいたように感じます。

　ただ、私たちには、共に仕事を前に進めることを応援してくださる仲間がいつも身近にいました。

　今回、「中村堂創業満 10 年記念誌」をまとめようと思ったきっかけはそこにあります。

　自分たちの資料として記録に留めるために作業を始めました。途中からお世話になった方々にお配りしようと考え始めました。最終的には、少しでも多くの人に中村堂を知っていただきたくなり、書籍として販売もしようと思いが拡大しました。

　50 ページの冊子ですが、この中には、確かに中村堂が社会と共に生きてきた証が凝縮されています。ありがとうございました。

　これからも、「二人出版社」として、仲良く、尊敬し合い、社会に何が出来るかを第一に考えながら、前進してまいります。

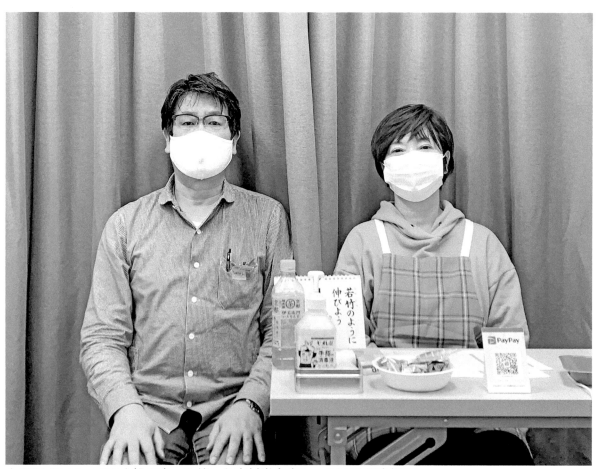

▲2021.04.04　コロナ禍の中、開催した中村堂倉庫セールでの記念撮影

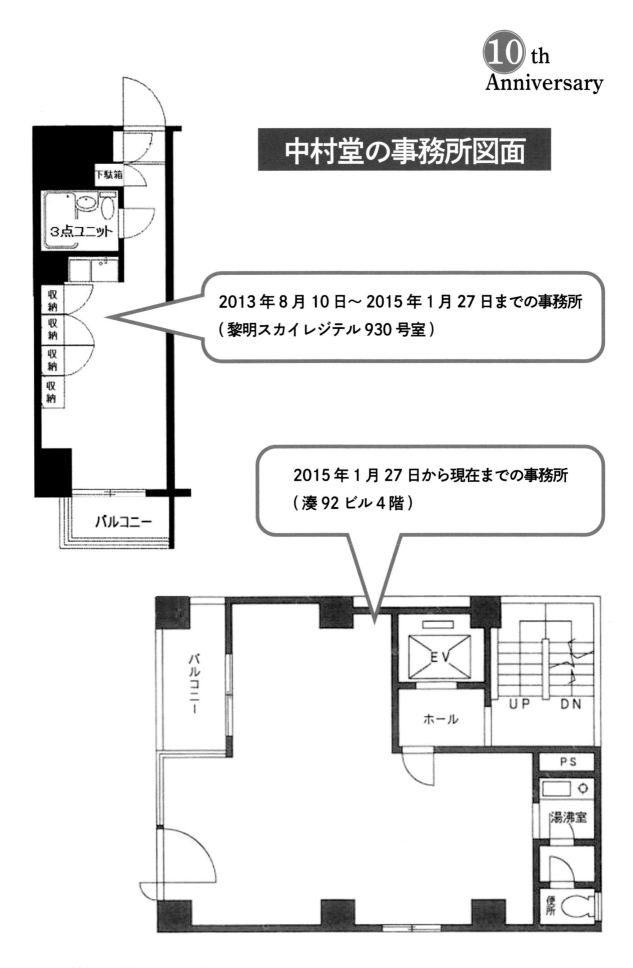

中村堂の事務所図面

2013年8月10日〜2015年1月27日までの事務所
（黎明スカイレジテル930号室）

2015年1月27日から現在までの事務所
（湊92ビル4階）

※2つの縮尺は、同じではありません。

● もくじ ●

10th Anniversary

第 1 章
中村堂の 10 年

第 I 期 (2013.07.22 ～ 12.31)

第 II 期 (2014.01.01 ～ 12.31)

第 III 期 (2015.01.01 ～ 12.31)

第 IV 期 (2016.01.01 ～ 12.31)

第 V 期 (2017.01.01 ～ 12.31)

第 VI 期 (2018.01.01 ～ 12.31)

第 VII 期 (2019.01.01 ～ 12.31)

第 VIII 期 (2020.01.01 ～ 12.31)

第 IX 期 (2021.01.01 ～ 12.31)

第 X 期 (2022.01.01 ～ 12.31)

第 XI 期 (2023.01.01 ～ 12.31)

第Ⅰ期 創業から新刊発行準備期

◆ 第Ⅰ期の出来事

07 月 22 日	法務局に登記申請
07 月 29 日	登記完了
08 月 08 日	事務所契約完了
08 月 10 日	事務所へ荷物搬入
08 月 13 日	京橋税務署へ法人設立届等を提出
08 月 14 日	鍵を閉じ込む事件発生。夕方鍵交換。45,150 円。
08 月 24 日	第 1 回「ほめ言葉のシャワー」全国大会を大阪で開催
09 月 04 日	挨拶状発送
09 月 09 日	自社ホームページ開設
10 月 02 日	大きな虹が出る
11 月 06 日	カラー複合機導入
11 月 10 日	ワークステーション導入
12 月〜	「コミュニケーション大事典」の DTP 作業スタート

▲事務所を構えた「黎明スカイレジテル」

▲部屋は「930 号室」。上の写真の反対側

▲08.10　以前の職場の後輩に荷物の搬入を手伝ってもらう

▲08.19　家具の搬入を終えて事務所の形ができてくる。少しずつ仕事を始める

▲落ち着いたところで、
　起業の挨拶状をお世話
　になった方々に送る

▲11月には、本格的な業務の開始に備え、ワークステーションやカラー複合機を導入

▲10.02　帰り道。雨が上がって、大きな虹が出る。僥倖

第Ⅱ期
新刊発行スタート。初年度 10 点発行

(2014.01.01 ～ 12.31)

◆ 第Ⅱ期の出来事

01 月 30 日	増資を実行。資本金 1000 万円に。
02 月	Amazon、STORES(オンラインショップ) と契約
02 月 20 日	物流倉庫との打ち合わせ開始
03 月 01 日	書店営業を大阪でスタート
03 月 13 日	喜久屋書店と直接取引の合意
03 月 21 日	「コミュニケーション力あふれる『菊池学級』のつくり方」、「コミュニケーション大事典」刊行記念セミナーを北九州で開催
03 月 25 日	丸善ジュンク堂書店と直接取引の契約
03 月 31 日	第 1 期メールマガジン「中村堂通信」配信スタート
04 月 01 日	紀伊國屋書店と直接取引の契約
04 月 01 日	「コミュニケーション力あふれる『菊池学級』のつくり方」、「コミュニケーション大事典」2 点同時発行で中村堂として書店デビュー
04 月 16 日	取次「八木書店」と契約
05 月 01 日	「日々の指導に生かす『徹底反復』」発行
08 月 13 日	「動画で見る菊池学級の子どもたち」発行
08 月 27 日	「ディベートルネサンス 究論復興」発行
08 月 31 日	徹底反復研究会として千葉県君津市の野口芳宏先生邸訪問
10 月 29 日	「東大生を育てた家庭の力」発売
11 月 19 日	慶応大学で開催された人工知能学会で「共創がメディアを変える コミュニケーションで紡ぐ新しい電子出版」を紹介
11 月 04 日	最後の「菊池学級」を 1 日見学
11 月 28 日	「共創がメディアを変える コミュニケーションで紡ぐ新しい電子出版」発行
12 月 17 日	「写真で見る菊池学級の子どもたち」発行
12 月 17 日	「菊池省三先生の価値語日めくりカレンダー」発行
12 月 24 日	「私はこうして英語を学んだ 増補改訂版」発行
12 月 25 日	新事務所の下見

［第Ⅱ期に刊行した出版物］

▲デビュー本が並ぶジュンク堂書店池袋本店で

▲「ディベートルネサンス」の対談

▲「東大生を育てた家庭の力」の座談会

▲11.19　人工知能学会で柳本浩市氏が発表

第III期 (2015.01.01 ～ 12.31)

13 点新刊発行。活動が外に広がる

◆ 第III期の出来事

01 月 27 日	新事務所に引っ越し
01 月 29 日	旧事務所から完全撤収
02 月 18 日	「生活とデザイン・芸術 日本文化の可能性」発行
03 月 06 日	松本道弘先生「特別講演会＆75th バースデイパーティー」（TIME 誌主催）に参加し、乾杯の発声
03 月 27 日	「安心と安全を創る 教室インフラ」発行
03 月 25 日	「これからの英語教育 フィリピン発・英語学習法」発行
03 月 27 日	「『話し合い力』を育てる コミュニケーションゲーム 62」発行
04 月 03 日	「人間を育てる 菊池道場流 作文の指導」発行
04 月 03 日	「子どもの集中力を高める 帯タイムで徹底反復」発行
06 月 24 日	「Ignition イグニッション」発行
07 月	第 22 回東京国際ブックフェアの「シナノ書籍印刷」ブースで「私はこうして英語を学んだ」を展示していただく
07 月 08 日	「Ignition イグニッション」刊行記念トークショーを代官山蔦屋書店で開催
07 月 15 日	「挑む 私が問うこれからの教育観」発行
07 月 15 日	「白熱する教室　創刊号」発行
07 月 18 日	「Ignition イグニッション」刊行記念の「カースケッチワークショップ」を湘南 T-SITE 蔦屋書店で開催
07 月 20 日	【午前】東京学芸大学で夏季特別講座のゲストティーチャーとして講義を 2 コマ担当
07 月 20 日	【夜】「『挑む』刊行記念トークショー」をジュンク堂書店池袋本店で開催 記録動画を見ることができます　https://www.youtube.com/watch?v=XSrdl9VCkE0
09 月 29 日	「コミュニケーション力で未来を拓く これからの教育観を語る」発行
09 月 29 日	「白熱する教室　第 2 号」発行
11 月 07 日	菊池省三先生ご出演「世界一受けたい授業」収録に立ち合わせていただく
11 月 26 日	「一人も見捨てない教育の実現 挑戦！四国四県からの発信！」発行
12 月 25 日	「白熱する教室　第 3 号」発行

［第Ⅲ期に刊行した出版物］

▲「生活とデザイン・芸術 日本文化の可能性」対談の様子

▲03.06　松本道弘先生の75歳のお誕生会

▲07.20　東京学芸大学でゲストティーチャーを務める

▲07.20　「挑む」刊行記念トークショー

▲日本テレビ「世界一受けたい授業」収録

第IV期
(2016.01.01 〜 12.31)

12点新刊発行。発行点数を着実に増やす

◆ 第IV期の出来事

02月05日	「価値語100ハンドブック」発売
02月26日	「1年間を見通した 白熱する教室のつくり方」発売
03月12日	「DVDで観る 菊池学級の成長の事実」発売
03月20日	「価値語100ハンドブック」出版記念セミナーを広島で開催
03月25日	「白熱する教室 第4号」発売
05月27日	「1時間の授業で子どもを育てる コミュニケーション術100」発売
06月24日	「白熱する教室 第5号」発売
07月07日	菊池省三先生ご出演「バイキング」収録に立ち合わせていただく
07月23日	「白熱する教室 臨時増刊号(2016年夏)」発売
08月06日	「個の確立した集団を育てる ほめ言葉のシャワー 決定版」発売
08月15日	「こども平和文集 第22号」を一般財団法人平和協会より委託され発行
09月22日	「個の確立した集団を育てる ほめ言葉のシャワー 決定版」出版記念セミナーを大阪で開催
09月24日	「白熱する教室 第6号」発売
09月30日	事務所内の作業台を新しくする
10月04日	初めての製本トラブルで乱丁発生
11月10日	「卓上版 菊池省三先生の価値語日めくりカレンダー」発売
12月09日	地元の書店「リバーシティー・書原」に中村堂の本が並ぶ
12月15日	「コミュニケーション力豊かな子どもを育てる家庭でできる51のポイント」発売
12月24日	「白熱する教室 第7号」発売

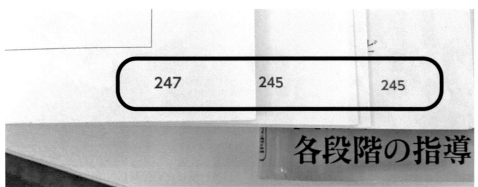

◀10.04 「1年間を見通した白熱する教室のつくり方」の増刷で、製本のミスにより、写真のようにページが重複したり、戻ったりするというミスが起こった。こうした大きな事故は10年間で一度だけ。

［第Ⅳ期に刊行した出版物］

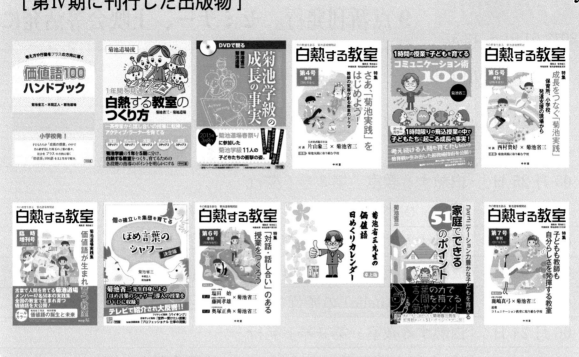

▲「価値語100ハンドブック」出版記念セミナー

▲07.07　フジテレビ「バイキング」収録

▲委託され編集した書籍

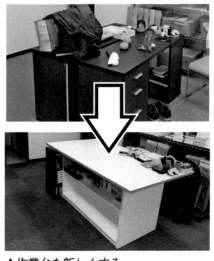

▲作業台を新しくする

▲地元の書店「書原」に本が並ぶ

第Ⅴ期
（2017.01.01 ～ 12.31）

9点新刊発行。セミナー、上映会等活発に

◆ 第Ⅴ期の出来事

02 月 16 日	「白熱する教室をつくる Q&A55」発行
02 月 25 日	「人間を育てる 菊池道場流 叱る指導」発行
03 月 25 日	「白熱する教室　第 8 号」発行
	※漫画「ひとり暮らしの小学生　価値語篇（作：松下幸市朗）連載スタート
04 月 07 日	「言葉で人間を育てる 菊池道場流『成長の授業』」発行
05 月 03 日	「成長の授業」出版記念セミナーを岡山で開催
05 月 31 日	電子書籍 (Kindle) の発行を開始。10 点一斉発行
06 月 24 日	「白熱する教室　第 9 号」発行
08 月 06 日	「第 22 回全国中学・高校ディベート選手権」参観
09 月 07 日	電子書籍 (Kindle)4 点発行
09 月 23 日	「白熱する教室　第 10 号」発行
09 月 30 日	「教師 菊池省三 映画『挑む』オフィシャルブック」発行
10 月 01 日	「小学校英語導入のための一日講座」を北九州で開催
10 月 23 日	山口県 PTA 大会の翌日、講師として参加された菊池省三先生と松下村塾へ
11 月 18 日	「徹底反復で子どもを鍛える」発行
12 月 16 日	映画「ニッポンの教育　挑む　第二部」、東京「ユジク阿佐ヶ谷」でロードショースタート
12 月 23 日	「白熱する教室　第 11 号」発行

▲「白熱する教室　第 8 号」から、「ひとり暮らしの小学生価値語篇」の連載スタート。作者の松下幸市朗先生とは、2016 年 12 月に右の京都造形芸術大学（当時）で打ち合わせをした

［第Ⅴ期に刊行した出版物］

▶「成長の授業」刊行記念セミナー

▶松下村塾にて

▶電子書籍の発行スタート

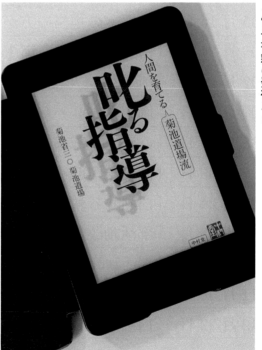

▶「ニッポンの教育」ロードショー

▶ディベート選手権、見学

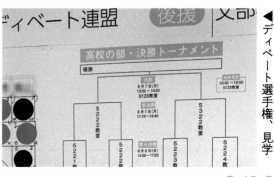

第VI期
(2018.01.01 ～ 12.31)

10点新刊発行。コンクールやセミナーを開催

◆ 第VI期の出来事

01 月 01 日	Ameba ブログ「中村堂の日々」スタート 現在も継続中　https://ameblo.jp/nakadoh/
01 月 27 日	「公社会に役立つ人間を育てる 菊池道場流 道徳教育」発行
02 月 24 日	「学校は、何をするところか？」発行
03 月	「第 1 回価値語コンクール」を開催　※「価値語ハンドブック②」に結実
03 月 24 日	「個の確立した集団を育てる 学級ディベート」発行
03 月 24 日	「白熱する教室　第 12 号」発行
04 月 07 日	「『個の確立した集団を育てる 学級ディベート』刊行記念、 菊池道場春祭り『学級ディベート』を学ぼう」を北九州で開催
05 月 16 日	Amazon の担当の方が中村堂の事務所に来社
06 月 24 日	「白熱する教室　第 13 号」発行
07 月 24 日	下記の「こども平和文集」に関連して「第 64 回こども平和まつり」に参加
07 月 28 日	「価値語 100 ハンドブック❷」発行
08 月 15 日	「こども平和文集　第 23 号」を一般財団法人平和協会より委託され発行
09 月 09 日	「価値語 100 ハンドブック❷」出版記念セミナーを大阪で開催
09 月 24 日	「白熱する教室　第 14 号」発行
10 月 13 日	「部活動改革 2.0 文化部活動のあり方を問う」発行
10 月 20 日	「部活動改革 2.0」出版記念セミナーを明治大学で開催
11 月 30 日	「楽しみながらコミュニケーション力を育てる 10 の授業」発行
12 月 22 日	「白熱する教室　第 15 号」発行

▲価値語コンクールを開催。結果を「価値語 100 ハンドブック❷」にまとめた

［第Ⅵ期に刊行した出版物］

▲04.07　菊池道場春祭り「学級ディベートを学ぼう」

▲07.24　「第64回こども平和まつり」に参加

▲09.09「価値語100ハンドブック❷」刊行記念セミナー

▲10.20「部活動改革2.0」刊行記念セミナー

第VII期

9点新刊発行。書店でのフェアの開催スタート

◆ 第VII期の出来事

01月19日	初めての印刷立ち合い「『白熱する教室』を創る8つの視点」
01月26日	「『白熱する教室』を創る8つの視点」発行
02月〜	春の教育書フェアとして「価値語フェア」を開催
03月23日	「学習学にもとづくコミュニケーション豊かな小学校外国語活動（英語）授業のつくり方」発行
03月23日	「白熱する教室 第16号」発行
04月13日	動画ニュース「1冊の本ができるまでの8つの視点」配信
05月08日	電子書籍(Kindle)5点発行
05月25日	「新版 笑顔のコーチング 子育て77のヒント」発行
06月22日	「白熱する教室 第17号」発行
08月18日	電子書籍(Kindle)11点発行
08月20日	陰山英男先生、菊池道場東京・神奈川支部のメンバーに、代表の還暦のお祝いをしていただく
08月22日	「『教育』を解き放つ －菊池省三対談集」発行
09月12日	委託倉庫契約解除の話し合いスタート
09月21日	「白熱する教室 第18号」発行
11月23・24日	第5回日本授業UD学会全国大会会場（筑波大学付属小学校）で書籍販売
11月25日	「作文で読む 菊池学級の子どもたち」発行
12月14日	「白熱する教室 第19号」発行
12月18日	自社倉庫契約

▲01.19　埼玉県戸田市の新日本印刷で、初めての印刷立ち合い

［第Ⅶ期に刊行した出版物］

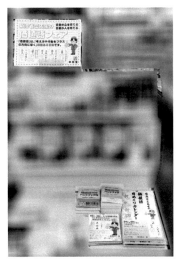

▲書店で価値語フェアを開催

▲08.20　代表の還暦祝いをしていただく

▲09.12　委託倉庫見学

▲11.23・24　日本授業 UD 学会全国大会の会場で書籍販売

▲中村堂
動画ニュース
「1 冊の本ができる
までの 8 つの視点」

第VIII期

8点新刊発行。新型コロナの対応に追われる

◆ 第VIII期の出来事

01月31日	「教室の中の困ったを安心に変える102のポイント」発行
02月以降	新型コロナの影響でセミナー延期や出張中止が相次ぐ
03月20日	「白熱する教室　第20号」発行
03月20日	「学校を変える15分 常識を破れば子どもは伸びる」発行
04月02日	委託倉庫から自社倉庫に第1回在庫搬入
04月07日	緊急事態宣言発令
04月08日	委託倉庫から自社倉庫に第2回在庫搬入
04月	新型コロナの影響でAmazonで入荷制限
06月19日	「白熱する教室　第21号」発行
07月20日	電子書籍(Kindle)4点発行
07月24日	「ひとり暮らしの小学生／価値語篇」発行
08月01日	菊池道場初のオンラインセミナーを開催（中村堂から配信）
09月05日	「菊池道場機関誌『白熱する教室』創刊満5年記念セミナー」を東京で開催
09月26日	「白熱する教室　第22号」発行
11月21日	「子どもの未来を広げた学校 陰山メソッド実践集」を発行。 電子書籍版（Kindle）も同時発行。以降、紙の書籍と電子書籍を同時発行（サイマル出版）
12月25日	「白熱する教室　第23号」発行

▲04.02　委託倉庫から自社倉庫に在庫を移動する

[第Ⅷ期に刊行した出版物]

▲コロナ禍によりセミナーの延期が相次ぎ、春の出張を最後に外出をしばらく見合わせる（ガランとした車内）

▲08.01　初のオンラインセミナーを開催

▲09.05 セミナーをオンラインで配信

第IX期

9点新刊発行。倉庫の活用を始める

◆ 第IX期の出来事

01月21日	7年ぶりにカラー複合機を買い替える
01月22日	「子どもたちが生き生きと輝く 対話・話し合いの授業づくり」発行
02月09日	7年ぶりに作業用コンピューターを買い替える
02月19日	「『菊池実践』で創る 令和時代のコミュニケーション力あふれる中学校」発行
03月26日	「温かい人間関係を築き上げる『コミュニケーション科』の授業」発行
03月26日	「白熱する教室　第24号」発行
04月01日	書籍の価格表示が総額表示に義務化される
04月04日	第1回中村堂倉庫セール開催（以降、随時開催）
06月25日	「白熱する教室　第25号」発行
07月03日	YouTube「月刊　菊池道場」創刊号配信 （以降、第21号（2023年6月1日配信）まで）
07月20日	「教師 菊池省三 Special Edition 映画『挑む』オフィシャルブック DVD 2枚付き」発行
09月10日	「社会を生きぬく力は 小学校1時間の授業にあった」発行
09月22日	第2回価値語コンクール締切（「白熱する教室　第27号」で結果発表）
09月24日	「白熱する教室　第26号」発行
10月06日	Wikipedia に「中村堂」を掲載
12月24日	「白熱する教室　第27号」発行

▲カラー複合機、コンピューターを相次いで更新

[第IX期に刊行した出版物]

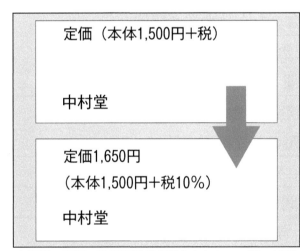

▲書籍の定価の総額表示が義務化されシール等で対応

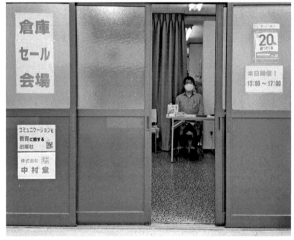

▲自社倉庫を活用した「倉庫セール」を定期的に開催

▲「第2回価値語コンクール」を開催

▲Wikipedia に「中村堂」を掲載

第 X 期

8点新刊発行。児童用ノートの発行

◆ 第 X 期の出来事

01 月 12 日	年間実売部数 BEST10 を発表（以降、年始に前年 1 年間分を集計して発表）
01 月 21 日	「『5 分の 1 黒板』からの授業革命 新時代の白熱する教室のつくり方」発行
02 月 03 日	「オンラインビジネス動画講座」（主催：板橋区立企業活性化センター）受講
03 月 10 日	「児童用『成長ノート』発行
03 月 25 日	「白熱する教室 第 28 号」発行
05 月 08 日	「菊池道場次世代育成連続講座」スタート（Ⅰ・Ⅱ期各 6 回計 12 回）
06 月 10 日	RADIO 中村堂配信スタート
06 月 24 日	「白熱する教室 第 29 号」発行
07 月 29 日	「授業を変えよう」発行
07 月 31 日	「第 10 回菊池道場全国大会」を立教大学で開催
08 月 21 日	「授業を変えよう」発売記念オンライントークイベントを ジュンク堂池袋本店で開催
08 月 31 日	読売新聞連載「先生の相談室」、中村堂での単行本化が決定。 第 1 回打ち合わせを大手町の読売新聞本社でスタート
09 月 23 日	「白熱する教室 第 30 号」発行
12 月 16 日	「先生の相談室 100 の質問にズバリ回答」発行
12 月 23 日	「白熱する教室 第 31 号」発行

▲年間実売部数 BEST10 の発表をスタート

▲「菊池道場次世代育成連続講座」スタート

［第Ⅹ期に刊行した出版物］

▲「RADIO 中村堂」の配信スタート

▲07.31「第10回菊池道場全国大会」開催

▲08.21「授業を変えよう」オンライントークイベントをジュンク堂書店池袋本店で開催

第XI期
(2023.01.01 ～ 12.31)

6点新刊発行。創業満10年を迎える

◆ 第XI期の出来事

03月25日	「白熱する教室　第32号」発行
05月03日	「機関誌・書籍で学ぶ　菊池道場オンライン連続セミナー」全5回スタート
06月03日	山梨県北杜市「森のピッコロようちえん」を訪問
06月23日	「白熱する教室　第33号」発行
07月22日	中村堂創業満10年を迎える
07月28日	「クラスづくりのゴールイメージ」発行
08月以降	書店で「中村堂創業満10年教育書フェア」が始まる（フェア開催状況　http://nakadoh.com/?p=5028）
09月01日	第2期メールマガジン「中村堂通信」配信スタート
09月14日	「白熱する教室　第34号」の印刷立ち合い（長野県塩尻市・日本ハイコム）
09月29日	「白熱する教室　第34号」発行
10月27日	「森のピッコロ物語　信じて待つ保育」発行
11月04日	菊池道場有志の皆さんに「中村堂創業10周年パーティー」を銀座で開催していただく　（本書 p.48－49 参照）
11月	「森のピッコロ物語　信じて待つ保育」が新聞で紹介される (11.17 山梨日日新聞　http://nakadoh.com/?p=5127、11.30 東京新聞　http://nakadoh.com/?p=5143)
12月29日	「白熱する教室　第35号（最終号）」発行

▲オンライン連続セミナー開催

▲06.03 「森のピッコロようちえん」を訪問

［第XI期に刊行した出版物］

「中村堂創業満10年教育書フェア」の様子（一部紹介）

▲清風堂書店

▲紀伊國屋書店流山おおたかの森店書店

▲ジュンク堂書店那覇店

▲ジュンク堂書店大阪本店

▲ジュンク堂書店池袋本店

▲喜久屋書店高岡店

▲MARUZEN&ジュンク堂書店梅田店

▲07.22　創業満10年の日に

▲09.14　長野県塩尻市の日本ハイコム訪問

▲会社設立を祝ってくださった菊池道場の皆さん (2013.07.20/ 北九州にて)

第2章
中村堂の仕事
6段階で紹介

①企画

②編集

③印刷・製本

④電子書籍の編集

⑤流通・発送

⑥営業・販売

中村堂の仕事　①企画

「企画」は、出版社の命です。

　企画が出来上がっていく道筋には、一般的に二通りあります。一つは著者の方から持ち込まれた企画を出版社が検討し、発行するかどうかを決めるというもの。もう一つは、出版社がまとめた企画の内容をしかるべき方に伝え、執筆をお願いして、本を作り、発行するというものです。

　ただ、中村堂の10年をふり返ってみると、その中間かなという気がします。

　著者の方々と直接お会いして話をする中で、「こんな本を作ってみようよ」という話になり、「作ってみましょう」と、ゆるやかな合意が形成され、企画としてまとまっていくという感じです。

　この冊子の第3章でも触れますが、企画をスピーディーに無駄なく決めたいと思い会社を立ち上げたわけですから、中村堂には「企画会議」という会議は存在しません。格好つけて言うと、「企画会議は、私たちの頭の中にある」のです。

　見知らぬ方からの企画書が、メールや郵便で届くことがあります。企画書には、経済的側面からの分析と考察が必要ですが、それについて触れられたものはまずありません。

【写真の説明】

①先生方が書き上げた原稿を持ち寄り、読み合い、よりよいものに磨き上げます。幾度となく行い、完成度、提案性を高めていきます。

②座談会、対談等も多く行ってきました。「共創がメディアを変える コミュニケーションで紡ぐ新しい電子出版」第二章所収の座談会。

③「白熱する教室　第34号」掲載の対談風景。「森のピッコロようちえん」の庭で。

④「子どもの未来を広げた学校 陰山メソッド実践集」第一章の鼎談をオンラインで開催。

中村堂の仕事　②編集

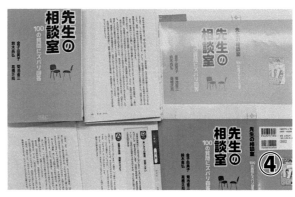

「編集」段階では、原稿整理、入稿、DTP（Desktop Publishing）、校正といった工程を経て、印刷用のデータを完成させるまでの仕事をします。私が本作りの仕事に関わるようになって40年が経過しましたが、この「②編集」と「③印刷・製本」の工程の変化が一番大きかったと感じます。ざっくり言えば、電子化が進んだということです。それに伴って、依頼先の会社の形態も変化しました。デジタル化の最大のメリットは、「一気通貫」であることだと思います。デジタル原稿からDTPによって印刷データをつくり、そのデータから印刷用の刷版を出力する（CTP:Computer To Plate）、そして、コンピュータ管理された印刷機で印刷する－こうした流れが一般化しました。

　以前は、（1）組版を写植屋さんが行い、それをもとに（2）製版所が印刷用のフィルムを撮影する、そのフィルムを受け取った（3）印刷所が印刷をする、と分業して進められていましたが、デジタル化の進展により、それらを「印刷所」と言われる会社が全てを行うように変化しました。

　この仕組みの変化によって、原稿を印刷所に渡してから本が納品されるまでの納期は大幅に短縮されることになりました。中村堂の本が、10年間の間一度も発行日をずらすことなく予定通りに書店に届けることができたのは、中村堂の進行能力ではなく、遅れる編集作業を取り戻すべく努力をしてくださった印刷所とそのデジタル化のおかげでした。

【写真の説明】
①原稿整理をパソコン上で行う
②DTP作業を社内で行うこともあります
③著者校正も含めて完璧をめざします
④編集の最終工程であるプルーフ点検

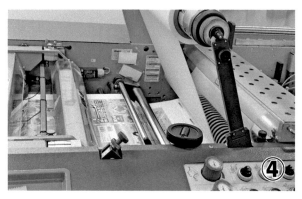

「印刷・製本」については、印刷・製本会社に依頼します。中村堂の事務所に印刷機があると想像されている方が少なくないことに驚かされますが、そのようなことはできません。

創業以来、94冊の本を出版してきましたが、これらの制作に関わっていただいた印刷・製本会社は7社です。会社には、それぞれ得意な分野がありますので、作る本の特徴に応じて、どの会社に依頼をするかを決めています。例えば、「モノクロ印刷が得意（モノクロの写真を見やすく仕上げてくれる）」「文字組が美しい」などです。依頼した結果を自分なりに評価をして、次の仕事のための大事な情報としてストックしています。仕事の内容ももちろんですが、担当の営業の方とのやりとりのスムーズさや相性というのも大事な評価になります。お互いが気持ちよく、よい仕事をしたいですから。

【写真の説明】

①試し刷りしたもののチェック（モノクロ台）

②試し刷りしたもののチェック（カラー台）

③印刷したものを折って重ね、1冊の本にまとめる丁合の工程（多くは機械化されていますが、説明のために手作業で実演してくださいました）

④表紙の表面にPP（ポリプロピレン）という薄いフィルムを貼って、摩擦や傷から本を保護すると共に、光沢を出して、見栄えをよくします。

これまでに2回、自社の本の印刷現場に立ち合わせていただきました。編集を進めてきたものが、1冊の本にまとまっていく様子を見るととても感動します。そして、本が出来るまでの工程には、普段顔を合わせることはない、多くの人が関わってくださっていることを実感します。

中村堂の仕事　④電子書籍の編集

2023 年出版市場規模

紙と電子全体	1 兆 5963 億円（前年比 2.1％減）	①
紙の出版物（書籍と雑誌の合計）	1 兆 612 億円（前年比 6.0％減）	
紙の書籍	6194 億円（前年比 4.7％減）	
紙の雑誌	4418 億円（前年比 7.9％減）	
電子出版のシェア	33.5％	
電子書籍	5351 億円（前年比 6.7％増）	
電子コミックのシェア	90.3％	【出典】出版科学研究所

①をご覧ください。2023 年の出版業界の状況です。全体の市場規模は縮小し続けています。「紙の書籍は減少しているけれど、電子書籍が増えているのではないか」と思われている方も少なくないのではないでしょうか？　紙の書籍と電子書籍を合わせると全体としては減っていて、その中で、電子書籍の割合が高くなっている、というのが状況を正確に説明していると思います。書籍全体の 3 分の 1 が、電子書籍になっています。

電子書籍を牽引しているのは、コミックです。9 割がコミックです。中村堂が発行する人文・教育書のカテゴリーでは電子書籍化はあまり進んでいません。とは言え、様々な読者の要望に応えていくために、中村堂では、2017 年 5 月から電子書籍（Kindle）の発行をスタートしました。コミックの電子書籍には、様々なプラットフォームがあり、テレビ等で宣伝も活発にされています。コミック以外の電子書籍は、Kindle の一強状態が続いていますので、中村堂の電子書籍は、Kindle 版のみ発行しています。

2020 年 11 月からは紙の書籍と電子書籍を同時に発売する「サイマル出版」を始めました。既刊本の電子化も少しずつ進め、2024 年 4 月末までに、これまでに発行した 94 冊の内、78 冊（83％）が完了する予定です（②は、2023 年末の電子化状況を伝えるホームページです。③は、Kindle の実際です）。

紙の書籍か、電子書籍か、好みは分かれますが、電子化については積極的でありたいと思っています。紙の書籍の在庫は有限ですが、電子書籍に在庫の概念はありません。DVD 付きの書籍も、動画をネットで見られるように電子書籍版で対応させることができますので、今後進めていきたいと思っています。

中村堂の仕事　⑤流通・発送

　メーカー（出版社も「メーカー」です）が製品を完成させると、それを保管するスペースと、発送するためのマンパワーが必要になります。中小の出版社では、その体制を自前で用意するのはなかなか大変ですから、倉庫・発送業務を委託することになります。

　中村堂も2014年4月の新刊発行を前に倉庫・物流会社と契約し、以降、在庫の管理と発送をお願いしました（写真①）。当該社は、大変正確、かつ誠実に管理業務をしてくださいました。

　ただ、時間の経過と共に、課題も生まれてきました。

　委託倉庫に関わるコストは以下の3点です。

(1) 完成した書籍を倉庫に納める入庫手数料

(2) 書籍を倉庫に保管してもらう保管手数料

(3) 書籍を発送する際の出庫手数料と運賃

　特に（2）は、発行書籍が増え、在庫が増えるにしたがって、月々の保管手数料が右肩上がりに増えていきました。

　委託託倉庫の発送の仕組みに満足できなかったことも大きな理由です。

(1) 当日出荷の依頼締切が、15時と早い。

(2) 土・日・祝日は休みなので、三連休の前の金曜日の15時以降の夕方の注文の出荷は火曜日になり、書店への着荷は水曜日以降（注文から5日後）となる。

(3) 委託倉庫を介しての荷物のやりとりでは、書店への個別の細かな対応ができず、直接取引のよさを生かしきれていない。

　こうした状況を踏まえ、「今後のために構造改革をしよう！」と決意しました。様々な困難がありましたが、2020年4月から自社倉庫に荷物を移し（写真②）、自社倉庫に納品してもらい（写真③）、自社発送（写真④）する体制に移行しました。

　大きな出版社には営業職がいて、全国の書店に出向き、営業活動をしています。中村堂では、全社員（2名）が全ての業務に関わります。書店営業も2人で手分けして行います。

　オンライン書店隆盛の時代でも、書店員さんとの人間関係はとても重要です。関係ができると、①の写真のようにフェアの棚の準備を手伝わせてもらうことができるようになります。また、足繁く書店に出向くことで、②の写真のように、中村堂の本を手にしていただいている場面に遭遇することもあります。とても嬉しい瞬間です。

　③著者が講師を務めるセミナーやトークショーなどの場での販売も、中村堂の中では重要な位置を占めています。対面で直接読者にお会いできる貴重な機会です。そこでの対話から次の企画が生まれることもあります。

　また、そうした場に足を運ばれる方々は、その著者に学ぼうとされている方々ですから書籍を購入すること自体を目的にされている方も少なくありません。書店で購入されるのを待つことと比べ、購入いただく率は高くなり、出版不況の時代に中村堂にとってはとても大切な場所です。

④インターネットの発達で、個人や小さな会社でもオンラインショップを持てるようになりました。STORES とか BASE といったサービスが有名です。中村堂は、2014 年 2 月にSTORES のサービスを利用して「中村堂 STORE」を開設しました。

　直接読者の方とつながることができる自社のオンラインショップの運営は、とても価値のあるものだと思っています。半年に一度、「オンライン倉庫セール」と銘打ってダメージ本の半額セールも開催して、直販でしかできないことにも取り組んでいます。

▲喜久屋書店倉敷店での「中村堂創業満10年記念フェア」

第3章
中村堂物語「東京下町で出版社」

中村堂メルマガ「中村堂通信」より　　　　　　　中村堂代表取締役　中村宏隆

中村堂物語「東京下町で出版社」

中村堂メルマガ「中村堂通信」より　　　　　　　　中村堂代表取締役　中村宏隆

1．起業前夜から事務所を構えるまで

2013年7月22日に中村堂は創業しました。

具体的には、法務局に中村堂という法人の登記申請を2013年7月22日にしたということです。

個人の戸籍に当たる法人の登記簿という書類の中に、中村堂は2013年7月22日に創業したと記録されています。

実際に登記が完了して公になったのは、1週間後の7月29日でした。

そこまでに至る経緯をまとめます。

私は、教育出版社である株式会社日本標準に1983年に入社しました。

およそ40年前のことです。

その会社に30年間勤め、2013年6月末に退職しました。

6月30日が日曜日でしたので、最後に会社に行ったのは6月28日金曜日でした。

その日、職場の人たちが盛大に送別会を開いて見送ってくださいました。

職場の方々は皆優しい人たちで、人の出入りがあると必ず明るく迎えたり見送ったりしてくれていました。

会社を辞める段階で、自分で会社をつくろうと決めていました。

そのように決めて退職届を出したのは、退職する約3か月前の4月3日です。

当時、私は、新年度のスタートのタイミングで毎年北海道や沖縄に出張していました。

教材の出版社に勤めていましたので、学校がスタートする新年度に合わせて、先生たちがその1年間で使用する教材の選定をしている場に、地域の販売代理店の方々と共に出向いて、自社の教材をPRするという、今考えてみるとなかなかエグイ営業活動を慣例的にしていたのです。

私は、編集部で20年間、営業企画部（編集部と営業部の間でお互いの仕事の情報をやりとりしたり、双方に情報発信をしたりする部署でした）で10年間働きましたが、後半の10年間は、新年度が始まると営業部の人たちは受注業務で忙しくなりますので、近隣の部署にいてちょっと暇そうな私によく声がかかって、北海道や沖縄に行っていたのです。

2013年も3月31日から4月2日まで札幌に行きました。

4月2日の夕方、最後の訪問先に行き、これが終わったら飛行機で東京に戻る予定でした。

訪問先がどこだったかは覚えていませんが、同行していただいていた代理店の方が、「ここは、中村さんは行っていただかなくても大丈夫なので、車の中で待っていてください」と言われ、10分か15分の間、助手席でその方が戻ってくるのを待っていました。

4月2日の札幌は、非常に寒く、小雪がチラチラと舞っていました。

車の中から、窓に落ちてくる雪を見ながら、「毎年、いろいろなことをやっているようだけれど、基本的にはあまり変わらないな」と、虚無感というか、疲れたなという気持ちが急に湧き上がってきました。

このまま会社勤めをしていていいんだろうかという気持ちを自分の中ではかなり長いこと抱いていましたが、札幌の粉雪を見た時に、その思いが突然はっきりとしたものになったのです。

その日に東京に戻るとすぐにネットで「退職届」の書き方を調べ、書き終わったところで妻に、

「会社を辞めて、自分で仕事をする」

と伝えました。

妻は、ひとこと、

「私も頑張る」

と答えてくれました。

この場面で、私は「起業したらは妻もその会社で一緒に頑張ってくれる」と受け取ったのですが、妻は「私も私の道で頑張る」という意味で言ったのだということが、この文章を読んでもらう中で分かりました。

大きな勘違いでした。

この勘違いから、「二人出版社」は始まりました。

翌日の４月３日、退職届を直属の上司に提出しました。

上司は、退職届を受け取ってはくれましたが、

「ぼくは、これを社長に渡す勇気がないので、ひょっとすると、時間がかかるか、このまま出せないかもしれないけれど、ごめんね」

というようなことを言われました。

「それは困るな」

と内心思いましたが、任せるしかないので、何も言わずその場は別れました。

翌日、社長から内線電話がかかってきて、

「ちょっと、社長室に来い」

と呼ばれ、面談になりました。

上司は、私の退職届を持っているのが重荷で、結局すぐに社長に渡したのでしょう。

社長は、私が日本標準に入社した際に配属された「編集部国語課」の課長だった人で、30年間にわたり、仕事上だけでなく、プライベートでもいろいろと面倒を見てくださった方でした。

面談では、

「君が会社を辞めると言う限り、その気持ちは変わらないだろうことを僕は分かるから、引き止めることはしない。退職届は受け取る。ただ、今まで君がやってきた仕事を、別の人が引き継いだとしても、すぐに同じようにはできないということは君も分かるだろうから、会社を辞めたあとも、しばらくの間、これまでの仕事を委託の形で継続してやってもらいたい」

と予想もしていなかった提案をされました。

結果、それまでしていた仕事を委託される形で、退職後の２年間行いました。

会社を立ち上げたばかりの段階では安定した収入や売り上げがありませんので、スタートの２年間、そのようなことをさせていただけたことは非常にラッキーでした。

そんなふうにスタートしましたが、そもそもなぜ起業しようと思ったのかというきっかけ、理由は、複合的なもので、簡単にはまとめられないというのが正直なところです。

それをあえて整理しようとすると、以下のようになります。

一つめは、最初に書いたような「閉塞感」を心の中に抱いていたということです。

2012年２月に、妻が乳がんになり、手術を受けました。

幸い、手術とその後10年間の治療がうまくいき、2022年２月に寛解したという診断をいただきました。

手術をしてから私が退職届を出した期間、妻は自宅で休養をしていました。

妻は、大学院を出てから私とは全く違う業種で働いていましたので、それまでの生活をふり返ってみると、月曜日から金曜日の間に一緒の時間はほとんどなく、週末に私が出張

しない時だけ時間を共有しているというような状態がずっと続いていました。

本当にこのままの時間の過ごし方をしていていいのかなという思いがあったのが、退職理由の大きな一つです。

もう一つは、2012年に菊池省三先生がNHK「プロフェッショナル　仕事の流儀」に出演され、その放送に合わせて日本標準から「ほめ言葉のシャワー」という青い本を出版されましたが、その本の編集を担当させていただいたことです。
「ほめ言葉のシャワー」は、教育書としては大変よく売れました。

出版不況だ、教育書はもう売れないと当時から言われていましたが、
「必ずしも、そうではない。いい本を作って、売り方を工夫すれば、まだまだ本の可能性はある」
ということを、自分自身が体験して実感したのです。

とは言っても、全体としては出版不況の中で、会社の中で企画が承認され、本が発行されることは簡単なことではありません。

1冊の本を出すために、何度も何度も企画書を直しては、会社の企画会議の決定を得なくてはなりません。

そんなことは当たり前なのかもしれませんが、せっかちな性格の私としては、それがとても面倒なことに感じられました。
「作ったら何冊売れるんだ？」
というのが、企画会議で出される意見の中で「最も全う」、かつ「最も意味がないもの」です。
「私が聞きたいよ」
と心の中でいつも思っていました。
「自分自身で決められたら、もっと早く前に進むのにな」
とも思っていました。

そんなことがあり、自分の中のもやもやとした閉塞感が少しずつ強いものになっていきました。

会社の経営状況も厳しかった時で、それを打破するために経営体制を変えていくという目的で、私の後輩に当たる世代が経営の中に入る人事も発表されました。

私は、
「自分がここにいる必要もないな」
と思い始めました。

妻の病気のことがプライベートであり、もっと一緒に過ごす時間がほしいと思ったこと。

仕事の中の閉塞感と同時に、出版の可能性を感じていたということ。

こうした思いの中、
「30年の間に積んだ経験を生かして、自分として納得がいく仕事をしていこう」
と決意し、退職して起業をするという結論に至ったのです。

6月30日に退職し、翌日からフリーになりましたが、実のところ、会社を作るといってもどういう手順を踏めばよいのか全く分からない状況でした。

書店で、「会社の作り方」みたいなタイトルの本を1冊買ってきて、妻が、
「会社を作るために一番最初に必要なのは『定款』だ」
と、本に載っている雛形を参考にしながら「定款」を手探りで作ってくれました。

そういうものは司法書士に頼んで作ってもらうのが一般的だと思いますが、全部自分たちの手で作りたいという気持ちを当初からもっていましたので、3週間ぐらいの時間を経て、7月22日に法務局への申請に辿り着きました。

会社にはその業務を執行する事務所が必要ですから、定款作りと同時並行で、新橋の不

動産屋さんを訪ね、いくつかの候補に絞る中で、自宅から徒歩 15 分ほどの中央区勝どきのワンルームマンションを借りて、事務所として登記しました。

8 月 10 日に、机やパソコンなどを搬入して、新事務所での仕事をスタートさせました。

その日には、前の職場の 3 人の後輩がやってきて、荷物の搬入や購入した家具の組み立てなどを手伝ってくれました。

今は中止になっている東京湾大華火大会の日で、作業を終えた後、後輩たちと非常口の階段から大きな花火を見ながら、

「いよいよ始まる。一瞬で消えていく花火であってはならないな」

と決意をしました。

入居したのは、黎明スカイレジテルという名のマンションでした。

1975 年に建てられた 14 階建て総戸数 489 戸のビンテージ物の大規模マンションで、広々としたエントランスホールがあり、コンシェルジュサービスが 24 時間受けられるフロントがある、古い割にはなかなか先進的な建物でした。

▲黎明スカイレジテル

突然ですが、妻の名前は「あき」と言います。あきの父親は、娘が誕生した際に、「黎明」と書いて「あき」と読む名前を付けると決めていたそうです。

最終的には、今のひらがな表記にしたとい

うことを入居後に妻から聞きました。

不思議な思いがしたものです。

ここは、狭いワンルームでしたので、2 年足らずで手狭になり、2015 年 1 月 27 日、現在の中央区湊にオフィスを移しました。

2．出版社を起業したわけ

続いて、なぜ出版社を立ち上げることにしたのかという点について、まとめます。
（「以前勤めていた会社が日本標準という出版社だったから、その流れでしょ」と言ってしまえばその通りですが、そこをもうちょっと詳しく…、というテーマです。）

日本標準という会社は、多くの皆さんにご承知いただいているとおり、小学校用の教材の発行をメインの業務としています。

テストとか、ドリル、資料集、そして家庭科や毛筆、図画工作の材料などの企画・販売をしています。

私が、日本標準に就職したきっかけと言えるものはほぼなく、大学時代を過ごしていた静岡の地で手にした朝日新聞の求人欄に広告が出ていたからという程度です

私は、その広告を見た当時、大学 5 年生でした。

4 年生の時には、大手の新聞社、広告会社、出版社、在京のテレビ局、といった、誰もが知っている会社の就職試験ばかりを受けていました。

静岡の地から、東京の大手マスコミを受けるのは大きなハンディがあると痛感しました。

最終面接まで行った会社もいくつかありま

したが、そこでははっきりと、「会社の中の知り合いは誰ですか？」と聞かれました。

もともとコネもなく、そうした会社に入ろうとしていたことが無謀だったのかもしれません。

結局4年生の時には、試験の日程が空いていたからただ行った浅草橋にあるＯＡ機器の販売会社の内定を1つだけいただきましたが、自身の考えていることとあまりに違うと思い、辞退しました。

もう少し本気で準備をしようと思い、留年をして、もう1年チャンスを待つことにしました。

とは言っても、1年の間に静岡暮らしの学生に在京のマスコミの人脈とつながる術はなく、1年めと同じ状態で試験に臨み、結果、あえなく撃沈し続けました。
「そうだ、静岡の地元のマスコミなら探せばコネが見つかるかもしれない」と考え、通っていた学部とは違う、たまたま知り合った他学部の教授に相談したところ、自元の放送局兼新聞社の採用試験を受けることができました。

当時、その会社を受けること自体が困難で、試験を受ける切符を手に入れられれば合格ほぼ間違いなし、という噂でしたので、意気揚々と試験を受け、発表を待ちました。

不合格でした。
「あれ、コネの問題ではなく、自身の問題じゃないか？」

と、この段階で気づきました。

以降、大企業も受けつつ、マスコミ、出版だったらなんでもいい、とハードルを下げ（生意気な言い方で恐縮ですが、当時の私は正にこんな心境でした）、新聞の採用広告を隅から隅まで見るようにしました。

その中で見つけた一つが日本標準でした。

「社名のスケールが大きい割に、知名度が低いよな」

と思いつつ採用試験を受けました。

最後の面接で、
「配属先の希望はありますか？」

と聞かれましたので、入社することを最優先として、
「編集を希望しますが、営業でもかまいません」

と、不遜な回答をしました。

不遜な回答の効果かどうかは分かりませんが、出版社に初合格しました。

自分としては、もうこれでいいと、2年間の就職活動にピリオドを打ちました。

【余談】
この時に受けた多くの会社の中の一つの大手広告会社Ｄ社に受かって入社していたら、私は今頃、東京オリンピック関連の収賄事件で逮捕され、裁判にかけられていたかもしれません（←妄想）。

合格後、会社が編集作業の繁忙期だったため、
「卒業式には出てもらって構わないけど、なるべく早く入社してくれないかな」

と、総務部の担当者から言われ、1983年（昭和58年）2月22日に入社しました。

入社した日に配属先を告げられ、
「中村さんは、国語の編集部ね」

ということで、意外にも教材編集部国語科に配属になりました。

その日から約20年間、その部署で働きました。

国語ドリルから始まり、漢字ドリル、プリント、テストなど、当時発行していた教材の全てに関わりました。

入社して8年経ったところで課長職の任を

受け、それから会社を辞めるまでの 22 年間、ずっと課長として現場の業務をまとめる仕事をしました。

　教材を編集する仕事は、出版社で編集をしていると聞いた時に一般的に想像されるような派手さは全くありません。

　有名人に会うこともなく、他のマスコミに露出することもない、地味な仕事でした。

　ただ、大変多くの先生方にお会いすることができました。

　当時は、教材の執筆を現役の小学校の先生にお願いしていましたので、その後、筑波大附属小学校に異動し、有名になり、現在は某大学で教授をされている S 先生は、当時は公立小学校の一教諭でした。

　決められた文字数通りに原稿を書いてくれずにいつも悩まされていました。

　民間教育団体がまだ元気な時代で、国語関係では、文芸研、日本作文の会、一読総合法の児言研の先生方には、いろいろご指導いただきました。

　編集部の後半の 3 分の 1、7 年という時間をかけて小学生用の国語辞典を作ったことは大きな思い出として残っています。

　当時、日本標準が発行していた国語辞典は、発行から時間が経ち、内容に古さを感じるようになっていました。

　会社から「辞典を一から作り変える」という方針が出されました。

【豊満】という見出しに、「隣のお姉さんは、豊満な体つきをしている」の例文が示されているなど、なかなか時代が感じられるものでした。

　そうした厚物の書籍は、もともと、「図書編集部」という部署が担当してきましたが、「他の業務が忙しいから」という謎の理由で業務指示を断り、「国語」という関連で私の「教材編集部国語科」に新たな仕事として舞い込んできたのです。

　その話（業務指示）があった時に、私は課長として二つ返事で受けました。

　こういう展開を私は好きです。

　仕事は絶えず変わってほしいと思っていますし、新しいことに挑戦することが、自分の性格にも合っているからです。

　それからの 7 年間は困難の連続で大変でしたが、何とか無事完成しました。

　この辞典編集 7 年間の記録（私家版「舟を編む」）は、8 年ほど前に東京学芸大学で講師をしていた友人に呼ばれて夏期特別講座の形で学生さんにお話ししたことがあります。

　その友人は、辞典の執筆者約 100 人の中の 1 人で、執筆当時は大学院生でした。

　その方が、大学の講師として自分を大学に呼んで話をさせてくださったことに喜びを感じました。

　昨年の年明け早々にコロナが開けて久しぶりにお会いした時には、某大学の教授になられていました。

　こういうつながりは本当に嬉しいですね。

　こうした仕事の経験を通して本作りを学んできましたが、2002 年に新しい出会いがありました。

　陰山英男先生との出会いです。

　陰山先生が、2002 年 3 月に「本当の学力をつける本　学校でできることと　家庭でで

きること」という書籍を文芸春秋から出版され、当時問題となっていたゆとり教育の中での学力低下問題に一石を投じ、大ベストセラーになりました。

日本標準の社長が、

「面白い先生が兵庫の山の中にいるからすぐに会いに行ってくる」

ということで、社長が直接会いに行きました。

日本標準の発行するワークテスト等をよく使ってくださっているということが分かりました。

そんなこともあって、社長と陰山先生が意気投合し、陰山先生と日本標準の関係がスタートしました。

ちょうどそのタイミングで、私は編集部から営業企画室というところに移動になりました。

国語辞典の編集が終わった段階です。

営業企画室というのは、冒頭、少し触れましたが、編集部と営業部をつなぐ橋渡しのような部署で、作ったものをどのように売っていくかということを考えたり、全国の代理店の方々、あるいは先生方から意見を聞いて、それを編集部の方に返すというような役割の仕事です。

そんな仕事をしておりましたので、たまたま私が会社の中で陰山先生の担当になり、その後、教材の企画をまとめたり、セミナーを運営したり、書籍の編集を担当をしたりしました。

営業企画室では、元々の役割として、編集の仕事はしないのですが、私がそれまで国語の編集をしていたことから陰山先生が日本標準で出版された本は、全て私が編集を担当しました。

そうした経緯があったことで、日本標準を退職後も、今日に至るまで長いお付き合いをさせていただいています。

2003年2月、陰山先生が兵庫県朝来町（現、朝来市）立山口小学校を退職される直前に、最後の陰山学級を訪問したことは大切な思い出です。

2003年4月に陰山先生が公募で広島県尾道市立土堂小学校の校長に就任されました。

陰山先生が土堂小学校の校長になったということは、非常に大きなニュースになりました。

陰山先生は、就任後、様々な動きをつくられます。

2004年11月、土堂小学校の校長として2年めに公開研究会があり、私も参加しました。

公開研究会の公式行事のあと、体育館でそのまま「教育オーディション」というイベントが開催されました。

これは、全国で日々展開されている様々な教育実践を持ち寄って、よい教育実践、ベストプラクティスを集めていこうという趣旨で開催されたものです。

そのオーディションには、陰山先生がお付き合いされていた様々な出版社の方を呼んで、その人たちの前で先生方が実践をプレゼンし、この内容は面白いなと評価をした出版社がその企画を将来本にして発行するという内容です。

「スター誕生」というテレビ番組が1970年代の初めから1980年半ば辺りまで放映されていました。

歌手になることを夢見る全国の人たちが集って、審査員である芸能プロダクションの人たちの前で歌い、プロダクション担当者が「これはいけるぞ」と思う人を採用するという番組でした。

正にその教育版であり書籍版として、教育オーディションが行われたのです。

その会場には、5人ぐらいの先生がエントリーし、参加されていたと記憶しています。

その中のおひとりが菊池省三先生で、その

時に、私は初めてお会いしました。

　私がその場で手を挙げたのは、京都教育大学附属中学校の上西好悦先生による「アントレプレナー教育」で、それは 2006 年 12 月に日本標準から刊行されました。

https://www.amazon.co.jp/dp/4820802801/

　そんな取り組みをきっかけとして、陰山先生は NPO 法人日本教育再興連盟を設立して、その運動を全国に広げていこうとされました。

　2006 年 1 月に日本教育再興連盟の正式なスタートとして、教員グループの全国代表者会議が東京の参議院会館で行われました。

　日本教育再興連盟は、2 人が代表理事の職に就かれましたが、おひとりが陰山先生、もうおひとりが、当時、民主党の東京選出参議院議員の鈴木寛先生で、鈴木先生のお力添えで参議院会館をお借りすることができ、全国代表者会議が行われたのです。

　新しい教育運動をスタートさせるという決意に満ちた集会でした。

　私は、その後、月に 1 回程度開催される「日本教育再興連盟」の運営会議に参加させていただきました。

　その会議は、基本的に参議院会館の鈴木先生の部屋で行われ、鈴木先生も毎回参加されましたので、その場で鈴木先生から直接様々なことを教えていただくことができ、貴重な体験をさせていただきました。

　その年の春に、陰山先生は 3 年間の土堂小学校の校長を任を終え、京都に新しくできた立命館小学校の副校長、立命館大学の教授に就任されました。

　その半年後には、第一次安倍政権がスタートしますが、政府がスタートさせた教育再生会議の委員に陰山先生は就任され、陰山先生の活動が一気に広がっていきました。

　教育再生会議は、毎回首相官邸で行われて

いましたが、陰山先生から、

「秘書という立場なら傍聴できるから、参加してみない？」

　と声をかけていただき、2007 年 3 月 29 日に参加させていただきました。

　そこには安倍首相もいらっしゃいました。「道徳の教科化」を視野に入れた「徳育の推進」が議論されていました。

　日本教育再興連盟は、全国でフォーラムを開催して運動を拡大していこうとの方針を立てました。

　第 1 回−群馬県、第 2 回−福岡県、第 3 回−青森県、第 4 回−石川県と続きました。

　この日本教育再興連盟の運営にも、日本標準の担当者としてずっと関わり、全国で行われたフォーラムの運営にも積極的に関わらせていただきました。

　日本教育再興連盟は、フォーラムだけではなく、教育夏祭りというイベントを夏に開催するなど、運動は活発化していきます。

3.　全国を回る機会に恵まれて

　2011 年元旦の朝日新聞 1 面トップで、菊池省三先生の実践が大きく紹介されました。それから 13 年が経ったことになります。「答えは対話の中に、教えずに教える―教育あしたへ 1」とのタイトルでした。

　このことがきっかけとなって、文部科学省の官僚の方々が菊池先生の教室を訪問して授業を参観するという動きが起こりました。

　私自身も、その文科省の方々が来られた直後、2011 年 2 月 24 日に初めて菊池先生の教室、当時は北九州市立貴船小学校に勤務されていましたが、そちらにお邪魔させていただきました。

2011年という年は、3月に東日本大震災が起こった年です。

その復興支援の一つとして、震災直後の4月に陰山先生から被災地の子どもたちに図書を贈呈したいので協力してほしいとの申し出がありました。

山形から車で宮城県石巻市や東松島市に行き、図書を贈呈しました。

陰山先生は、避難所の子どもたちに青空授業を通して激励をされました。

陰山先生が温かな想いを行動として示される様子を間近に見る機会に恵まれ、学ぶことが多くありました。

その夏には、NPO法人日本教育再興連盟が中心となって、復興の意義を込めた教育夏まつりが宮城県石巻市で開催されるなど、その活動は活発化していきました。

こうした活動に参加させていただきながら、私は、会社の営業企画室の一員としての仕事として、新しい教育情報誌を作りたいという思いをもち始めました。

企画書をまとめ、会社の企画会議に提案して、年に4回発行する形での小学校の先生向けのフリーマガジンの刊行にこぎつけました。タイトルは、「新しい教育」です。

同時に陰山先生が主催されていた教員のサークル「徹底反復研究会」の会員向け機関誌「学而」の編集を、2004年から2011年の7年間にわたって継続して行っていました。

編集部から営業企画室に異動になったことで、国語の教材の編集という領域を飛び出して、書籍を編集したり、教育情報誌や機関誌を作ったりするという経験を積むことができました。

営業企画室に在籍した10年間の中での経験と、多くの出会いは、今日の私の大きな財産になっています。

東京近辺だけではなく、全国を範囲として多くの方々と出会うことができました。北は北海道の根室（冬にお伺いしましたので、きれいに磨かれた教室の窓からは国後島（多分…）がよく見えました）から、南は沖縄県与那国島（小学校のすぐ隣に「Dr.コトー診療所」のロケが行われた志木那島診療所の建物が在りました）まで47都道府県全てに行かせていただきました。

行く先々で出会った方々のことは、本当によく覚えていますし、今日に至るまで関係が続いている人たちも少なくありません。

そんな時間を過ごす中で、自分の中に少しずつ芽生えてきた夢があります。

それは現在の私に直接つながっていることですが、たくさんの方々との出会いの中で知ったこと、学んだことを「本」という形にまとめていくことを本格的にしてみたいということであり、それはとても楽しいことだろうなと改めて思ったということです。

2012年4月、菊池省三先生から1本の電話をいただきました。

菊池先生は当時、小倉中央小学校に異動されたばかりでした。

そのタイミングで、ＮＨＫの方から「プロフェッショナル　仕事の流儀」の取材オファーがあったとのことでした。異動したばかりの菊池先生は、これから教育委員会や管理職、保護者の方々の了解を得る必要があるけれど、許可をきちんととった上で、「プロフェッショナル」の取材を必ず実現させる、ということを力強く言われました。

そして、番組の放映に合わせて、これまでご自身が実践されてきた「ほめ言葉のシャワー」を本にして世に問いたいので、日本標準から出版してもらえないかという依頼をその電話でされたのです。

菊池先生から電話をいただいたのは、4月10日でした。会社決定を得るまで3回提案文書を出し直していますが、私はせっかちです

ので、約1週間でそのことをやりました。

記録を見てみますと、4月19日、電話をいただいてから9日後に、第1回打ち合わせをするために北九州の菊池道場にお伺いしています。

番組の放映が7月と決まっていましたので、とにかくそれに間に合わせて書店に並べたいとの思いで、ある意味突貫工事で進行させました。

何度も北九州にお伺いして原稿検討を重ね、6月の終わりに完成させることができました。番組の放映は7月16日でしたので、約2週間前に本を完成させることができました。

青い表紙の「小学校発！ 一人ひとりが輝くほめ言葉のシャワー」です。

番組の放映と並行して本ができたこともあって、この本は、全国の先生方に受け入れられ、教育書の中ではあまり例がないくらいたくさん売れました。

自分の中の「夢」が、この本の編集と発行をきっかけに、一気に強固なものになっていったように思います。

本というものの可能性はまだまだあるなと確信すると共に、自分自身の自由な意思で本を作りたいと強く思い始めたのです。

自分が積み重ねてきた経験を基に独立して、出版という仕事を会社員という立場ではなく、自分で責任をもって進めていく環境にしていきたいと思ったのです。

妻が乳がんの手術を受けたということもあり、新しい生活環境を作っていくことを決断したのが、2013年4月でした。

会社を辞めることを決め、退職届を提出して実際に退職するまでの間に、菊池先生の講演会が埼玉県川口市であり関東に来られましたので、そのタイミングに合わせて会いに行きました。そして、

「退職して、7月から独立して出版の仕事をし

ます」

とお伝えしました。

菊池先生は、

「最初の本は、僕に書かせてね」

と言われ、中村堂（当時はまだ会社名は決めていませんでしたが）最初の本の著者となることを約束してくださいました。

それから10か月後、2014年4月1日に「コミュニケーション力あふれる『菊池学級』のつくり方」を発行するに至ったのです。

会社を登記するには、会社名が必要です。

妻と会社の名前を何にしようか、といろいろ考えました。

「雇われではなく、自分で責任をもって仕事がしたい」ということがきっかけで会社を創るわけですから、会社名の中に「中村」という固有名詞を入れて「顔が見えるようにする」ということは決めていました。「中村出版」「中村書籍」「中村書店」などは順当なところですが、あまり印象に残りません。

考えている中で「堂」という字に目が留まりました。「皆が集まる場所」という意味があります。出版という仕事を軸に多くの人たちが集まってくるような会社を創る、というイメージが完成しました。

今となっては、「堂々とした」の「堂」の意味も重ねています。

以来10年の時間が過ぎました。

その「夢」は現実のものになったのでしょうか？

評価は難しいですが、「よくこうした状況の中で10年間会社を存続させることができたな」という思いは強くもっています。

中村堂に関わってくださった全ての皆様に感謝の気持ちでいっぱいです。

中村堂創業 10 周年パーティー

菊池道場有志主催　2023 年 11 月 4 日（土）　於：銀座・グレースバリ〜アロナ〜 2F

　　2023 年 11 月 4 日、菊池道場の菊池省三道場長のご発案で、「中村堂創業 10 周年パーティー」を開催していただきました。

　　とても楽しい時間を過ごさせていただきました。

　　運営の労を取っていただいた先生方、当日パーティーに全国からご参加いただいた方々、パーティーの中でお祝いのスピーチをしていただいた方々、さらにビデオメッセージをお寄せいただいた全国の支部のたくさんの方々、メッセージソングを送っていただいた岡山支部の西村 昌平先生、窪山 裕介先生。

　　改めまして御礼申し上げます。ありがとうございました。

　　温かいスピーチ、会場を彩った素晴らしいポスター、記念にいただいた可愛らしすぎる似顔絵、とても珍しく華やかな花束。

　　すべてに感動いたしました。

　　皆様のこれまでのご支援に感謝しながら、新しい中村堂は、スタートしています。

パーティーに お寄せいただいた 菊池道場の各支部 からのメッセージ 動画 >>		千葉支部からの メッセージ動画 >>		岡山支部からの メッセージソング 動画 >>	

中村堂からさまざまな情報発信中！　お友達申請、フォローをお願いします

ホームページ

Facebook

BLOG

Twitter

Instagram

オンラインショップ

隅田川のほとりで本を作って　10年経ちました
（中村堂創業満10年記念誌）

　　　2024年4月15日　第1刷発行

　著　／中村堂創業満10年記念誌編集委員会
発行者／中村宏隆
発行所／株式会社　中村堂
　　　　〒104-0043　東京都中央区湊3-11-7　湊92ビル4F
　　　　Tel.03-5244-9939　Fax.03-5244-9938
　　　　ホームページ　http://www.nakadoh.com

編　集／中村堂
印刷・製本／株式会社プリントパック

◆定価はカバーに記載してあります。
◆乱丁・落丁の場合はお取り替えいたします。

ISBN　978-4-907571-93-1